Bibliografische Information der Deutschen Nationalbibliothek:

Die Deutsche Bibliothek verzeichnet diese Publikation in der Deutschen National-
bibliografie; detaillierte bibliografische Daten sind im Internet über http://dnb.d-
nb.de/ abrufbar.

Impressum:

Copyright © 2013 GRIN Verlag, Open Publishing GmbH
Druck und Bindung: Books on Demand GmbH, Norderstedt Germany
ISBN: 978-3-668-19640-7

Dieses Buch bei GRIN:

http://www.grin.com/de/e-book/320483/mobilmachung-und-friedenspropaganda-
die-aussenpolitik-hitlers-ab-1933

Svenja Schäfer

Mobilmachung und Friedenspropaganda. Die Außenpolitik Hitlers ab 1933

GRIN Verlag

GRIN - Your knowledge has value

Der GRIN Verlag publiziert seit 1998 wissenschaftliche Arbeiten von Studenten, Hochschullehrern und anderen Akademikern als eBook und gedrucktes Buch. Die Verlagswebsite www.grin.com ist die ideale Plattform zur Veröffentlichung von Hausarbeiten, Abschlussarbeiten, wissenschaftlichen Aufsätzen, Dissertationen und Fachbüchern.

Besuchen Sie uns im Internet:

http://www.grin.com/

http://www.facebook.com/grincom

http://www.twitter.com/grin_com

Inhaltsverzeichnis

1. Einleitung

„Vom 30. Januar an eroberte der Nationalsozialismus die Gedanken aller Menschen in diesem Volk. Das kam dem Reich im Kriege zugute. Wie man keine Armee zu Beginn des Krieges aufbauen kann, so kann man auch keine geistige Organisation schaffen, wenn der geistige Krieg bereits begonnen hat. "[1]

Dies verkündete Joseph Goebbels am 5. April 1940 vor Vertretern der deutschen Presse und machte damit den Inhalt der deutschen Propagandapolitik der 1930er Jahre und die damit verbundenen Absichten der nationalsozialistischen Regierung sehr deutlich.[2]

Im Rahmen dieser Hausarbeit soll beleuchtet werden, welche Maßnahmen Hitler und das NS-Regime ergriffen haben, um das deutsche Volk für den Krieg mobil zu machen und wie sie gleichzeitig den Eindruck absoluter Friedensbefürwortung im Ausland erzeugen konnten. Die zentralen Fragen, die sich hierbei ergeben lauten, ob die Friedenspropaganda beziehungsweise die gute Tarnung der eigentlichen Absichten Hitlers die ausschlaggebende Ursache für den Ausbruch des Zweiten Weltkriegs war. Außerdem, ob man davon sprechen kann, dass der Zweite Weltkrieg ein unnötiger Krieg war, weil er durch rechtzeitigeres Handeln des Auslandes, hätte vermieden werden können.

Im Folgenden wird kurz erläutert, was die Worte „Propaganda" und „Mobilmachung" überhaupt bedeuten und welche Rolle ihnen im Nationalsozialismus zugekommen ist. Daraufhin werden einige Angaben zu den verwendeten Quellen und dem aktuellen Forschungsstand gegeben.

Im Hauptteil der Arbeit werden zunächst ganz knapp die wichtigsten Etappen der NS-Außenpolitik von 1933 bis zum Ausbruch des Zweiten Weltkriegs beschrieben. Danach werden die propagandistischen Maßnahmen Hitlers und des NS-Regimes im Allgemeinen vorgestellt, woraufhin danach explizit auf die Friedenspropaganda sowie auf die Mobilmachung für den Krieg eingegangen wird. Anschließend wird beleuchtet, wie die Reaktionen des Auslands auf die außenpolitischen Maßnahmen

---

[1] Sywottek, Jutta, Mobilmachung für den totalen Krieg. Die propagandistische Vorbereitung der deutschen Bevölkerung auf den Zweiten Weltkrieg, Opladen 1976, S. 23.
[2] Ebd.

des Deutschen Reiches ausgesehen haben, wobei besonders Frankreich und Großbritannien im Mittelpunkt stehen werden.

Danach wird die Frage, ob man die Friedenspropaganda als „Pforte" für den Zweiten Weltkrieg bezeichnen kann, erörtert.

Im Schlussteil der Arbeit wird dann noch einmal explizit auf die Ursache für den Ausbruch des Krieges eingegangen und die Frage diskutiert, ob der Zweite Weltkrieg tatsächlich ein unnötiger Krieg war, weil er hätte vermieden werden können.

Die Richtlinien der Propaganda, so wie man sie im Nationalsozialismus verstand, hatte Hitler bereits 1925 in „Mein Kampf" veröffentlicht. Hierbei wurde er jedoch unmittelbar durch die von Friedrich Schönemann 1924 entwickelte Propagandatheorie beeinflusst.[3] Für Schönemann war Propaganda „eine besondere Methode der Massenbeeinflussung". Er verstand darunter die „Beeinflussung mit möglichst einfachen Mitteln. Je einfacher und praktischer [man] ans Denken herangehe[...], desto besser [sei] es für das Verständnis der Propaganda". Nach seiner Auffassung steckte im Begriff Propaganda „alles drin vom Überzeugen bis zum bloßen Überreden, [...], vom sachlichen, wenn auch geschickten, geschäftsmäßigen Darstellen bis zum bewussten Lügen und Betrügen, [...]".[4] Hitler nutzte den Propagandabegriff Schönemanns, hatte ihn jedoch radikal missbraucht. Für ihn war Propaganda „ausschließlich zu messen an ihrem wirksamen Erfolg". Er sprach von einer „angepassten Greuelpropaganda, die in ebenso rücksichtsloser wie genialer Art die Vorbedingungen für das moralische Standhalten an der Front sicherte". „Allein der Kampf um das Dasein des deutschen Volkes sollte die Propaganda bestimmen."[5]

„Mobilmachung" bedeutet im Allgemeinen, dass ein Staat auf einen Krieg vorbereitet werden soll. Im Nationalsozialismus wurden somit Maßnahmen ergriffen, die das deutsche Volk für den Zweiten Weltkrieg vorbereiten sollten. Welche Maßnahmen das waren, wird später noch erläutert.

---

[3] Dipper, Christof, Schieder Wolfgang, Geschichtliche Grundbegriffe. Historisches Lexikon zur politisch sozialen Sprache in Deutschland, Stuttgart 1984, S. 108-111.
[4] Ebd.
[5] Ebd.

2

Der Stand der wissenschaftlichen Forschung zur Außenpolitik ab 1933 ist ausgesprochen gut. Für das Verfassen dieser Hausarbeit waren unter anderem Werke von Jutta Sywottek und Lars Lüdicke besonders hilfreich. Speziell in Bezug auf die Reaktionen der Westmächte auf die Außenpolitik des Deutschen Reichs wurden viele Informationen durch Literatur von Holger Skor und Gustav Schmidt herangezogen. Außerdem haben sich Hitlers „Friedensrede" sowie seine Rede vor den Spitzen der Reichswehr, beide von 1933, als ausgesprochen nützlich zur Verdeutlichung der gegensätzlichen Maßnahmen, Friedenspropaganda und Mobilmachung für den Krieg, erwiesen.

2. Die wesentlichen Etappen der NS-Außenpolitik (1933 – 1939)

Das Hauptziel der NS-Außenpolitik seit 1933 war die „Vergrößerung des deutschen Lebensraums in Europa". Es herrschte von Anfang an Kriegspolitik im Sinne einer „kriegerischen Risikopolitik".[6] In den ersten Jahren wurde jedoch der „Umschwung zum Diktaturstaat und die Wiederwehrhaftmachung im Innern durch Friedensparolen nach außen" primär verfolgt.[7]

Im Juli 1933 schlossen Deutschland, Italien, Frankreich und Großbritannien einen „Viermächtepakt", welcher das „Dritte Reich" vor der Welt als eine „verhandlungsbereite und moderate Macht" präsentierte, die sich – so die Bedingungen des Pakts – dazu verpflichtete, „alle Anstrengungen zu machen, um im Rahmen des Völkerbundes eine Politik wirksamer Zusammenarbeit zwischen allen Mächten zur Erhaltung des Friedens zur Anwendung zu bringen".[8]

Am 14. Oktober 1933 verkündete Deutschland dann seinen Austritt aus dem Völkerbund sowie den Rückzug von der Abrüstungskonferenz. Dies rechtfertigte Hitler als Reaktion auf die Demütigung und Diskriminierung des Deutschen Reiches.[9]

Am 26. Januar 1934 wurde der deutsch-polnische Nichtangriffspakt unterzeichnet, welcher die friedliche Beilegung aller deutsch-polnischen Differenzen beteuerte.

---

[6] Wendt, Bernd-Jürgen, Großdeutschland. Außenpolitik und Kriegsvorbereitung des Hitler-Regimes, München 1987, S. 7.

[7] Ebd.

[8] Lüdicke, Lars, Griff nach der Weltherrschaft. Die Außenpolitik des Dritten Reiches 1933-1945, Berlin 2009, S. 37.

[9] Ebd., S. 43.

Hitler schaffte mit dem Pakt eine erneute Friedensbeteuerung nach dem Austritt aus dem Völkerbund.[10] Ein Jahr später erreichte Hitler durch den Erfolg bei der Abstimmung über die Rückkehr des Saarlandes zum Deutschen Reich eine triumphale Bestätigung seiner Außenpolitik. Er gab die Abstimmung als „persönlichen Erfolg im Kampf gegen den Versailler Schandvertrag" aus.[11]

Zur Wiedereinführung der Wehrpflicht sowie zum Ausbau der Luftwaffe kam es im März 1935.[12] Im Juni desselben Jahres traf Hitlers außenpolitischer Berater Ribbentrop in London ein, um ein deutsch-britisches Flottenabkommen auszuhandeln, wobei er erfolgreich war.[13] Da Italien unter der Führung Mussolinis am 2. Oktober 1935 Äthiopien den Krieg erklärte und damit die Aufmerksamkeit der Welt auf sich zog, konnte Hitler diese Schwäche des internationalen Systems nutzen. Er ließ am 7. März 1936 die entmilitarisierte Zone des Rheinlandes besetzen.

Im Spanischen Bürgerkrieg, der von 1936 bis 1939 herrschte, beteiligte sich Deutschland zusammen mit dem faschistischen Italien auf Seiten der Putschisten unter der Führung Francos, wodurch Deutschland zum Bündnispartner Italiens wurde. Mit dem gemeinsamen Engagement Mussolinis und Hitlers im Spanischen Bürgerkrieg kam es zu einer größeren Kooperation zwischen Deutschland und Italien. Es war von einer „Achse Berlin-Rom" die Rede, „um die sich alle anderen Staaten, die mit dem neuen Machtzentrum zusammenarbeiten wollten, bewegen könnten".[14]

Desweiteren ernannte Hitler im Oktober 1936 Hermann Göring zum „Beauftragten für den Vierjahresplan", welcher besagte, dass „die deutsche Armee [...] in vier Jahren einsatzfähig sein" sowie „die deutsche Wirtschaft in [...] vier Jahren kriegsfähig sein [müsse]".[15]

Im Jahr 1938 wurde dann mit dem „Anschluss Österreich" an das Deutsche Reich und dem Münchner Abkommen, in dem die Abtretung der sudetendeutschen Gebiete

---

[10] Thamer, Hans-Ulrich, Der Weg in den Krieg, in:
http://www.bpb.de/geschichte/nationalsozialismus/dossier-nationalsozialismus/39576/weg-in-den-krieg?p=all, 06.04.2005, (28.07.13).
[11] Ebd.
[12] Lüdicke, Lars, Griff nach der Weltherrschaft, Berlin 2009, S. 60-61.
[13] Ebd., S. 64.
[14] Thamer, Hans-Ulrich, Der Weg in den Krieg, in:
http://www.bpb.de/geschichte/nationalsozialismus/dossier-nationalsozialismus/39576/weg-in-den-krieg?p=all, 06.04.2005, (28.07.13).
[15] Lüdicke, Lars, Griff nach der Weltherrschaft, Berlin 2009, S. 85.

an Deutschland beschlossen wurde, der Weg in den Krieg geschaffen. Am 10. Februar 1939 erklärte Hitler in einer Geheimrede vor den Spitzen der Reichswehr rückblickend auf das Vorjahr, dieses habe „mit dem vielleicht größten Erfolg zunächst in unserer neueren Geschichte abgeschlossen".[16] Desweiteren macht Hitler in der Rede deutlich, dass die seit dem Jahr 1933 verfolgten Pläne verwirklicht worden sind.[17]

Als Hitler dann im März 1939 unter Ausnutzung von Interessengegensätzen zwischen Tschechen und Slowaken und durch Drohung erreichte, dass der slowakische Landtag die staatliche Selbständigkeit der Slowakei erklärte, konnte er die sogenannte „Besetzung der Rest-Tschechei" erreichen.[18]

Am 1. September 1939 kam es schließlich zum Angriff auf Polen durch das Deutsche Reich und somit zum Ausbruch des Zweiten Weltkrieges.

3. Die propagandistischen Maßnahmen Hitlers und des NS-Regimes

Nach Hitlers Regierungsübernahme im Januar 1933 herrschte zunächst in aller Welt Beunruhigung und die Befürchtungen der europäischen Nachbarn, „Hitler werde die internationalen Verträge zerreißen, Deutschland aufrüsten und Österreich an das Deutsche Reich anschließen".[19] Es war also für die Regierung Hitlers ausgesprochen wichtig, dass er in der „ersten kritischen Phase der Außenpolitik die tatsächlichen Ziele verschleier[te]".[20] Der Eindruck, dass es überhaupt keine „spezifische nationalsozialistische Außenpolitik", sondern nur die „Fortsetzung der herkömmlichen Weimarer Revisionspolitik" gab, sollte erzeugt werden.[21] Aus

---

[16] Wendt, Bernd-Jürgen, Großdeutschland, München 1987, S. 134.

[17] Ebd.

[18] Lüdicke, Lars, Griff nach der Weltherrschaft, Berlin 2009, S. 103.

[19] Thamer, Hans-Ulrich, Der Weg in den Krieg, in: http://www.bpb.de/geschichte/nationalsozialismus/dossier-nationalsozialismus/39576/weg-in-den-krieg?p=all, 06.04.2005, (28.07.13).

[20] Thamer, Hans-Ulrich, Der Weg in den Krieg, in: http://www.bpb.de/geschichte/nationalsozialismus/dossier-nationalsozialismus/39576/weg-in-den-krieg?p=all, 06.04.2005, (28.07.13).

[21] Thamer, Hans-Ulrich, Der Weg in den Krieg, in: http://www.bpb.de/geschichte/nationalsozialismus/dossier-nationalsozialismus/39576/weg-in-den-krieg?p=all, 06.04.2005, (28.07.13).

diesem Grund, nämlich die Kontinuität der Außenpolitik zu demonstrieren, gab es nach dem Regierungswechsel nur geringste Veränderungen im Auswärtigen Amt.[22] Die dauerhaft wiederkehrenden Friedensbeteuerungen Hitlers brachten ihm jedoch teilweise starkes Befremden bei alten Nationalsozialisten sowie im „Lager der bürgerlichen Rechten". Dieses innenpolitische Risiko erachtete er allerdings als gering im Vergleich zu dem erhofften außenpolitischen Effekt, den die Verschleierungspolitik erbringen sollte. Dies war nämlich „die Verhinderung militärischer Interventionen der europäischen Nachbarn gegen [...] Deutschland.[23] Die wahren außenpolitischen Vorstellungen hatte Hitler nach der Machtübernahme erstmals am 3. Februar 1933 in einer Rede vor den Spitzen der Reichswehr genannt. Er wollte die „Eroberung neuen Lebensraums im Osten" und „rücksichtslose Germanisierung", was so viel wie Verbreitung eines germanischen Volks und seiner Kultur und Verdrängung beziehungsweise Ausrottung anderer Kulturen bedeutete. Außerdem sei eine „vollständige innenpolitische Umgestaltung Deutschlands mit dem Ziel einer Ausrottung des Marxismus und einer Stärkung des Wehrwillens" absolut erforderlich.[24] Hitler hatte bereits in der Rede die „erste Phase der Realisierung, die Zeit des Aufbaus der Wehrmacht", als äußerst gefährlich bezeichnet.[25] Es stellte sich für die Propagandaführung eine „dreifache, in sich widersprüchliche Aufgabe, nämlich erstens „die Erzeugung des Eindrucks absoluter Friedensliebe des neuen Regimes im Ausland", zweitens die „Tarnung der Aufrüstungsmaßnahmen" und drittens die „Weckung und Steigerung des Wehrwillens in der Bevölkerung".[26]

3.1 Die Friedenspropaganda

Als „aktivste[r] Friedenspropagandist" hat sich Hitler selbst erwiesen. Er demonstrierte sich als „Verfechter des europäischen Gleichgewichts, das durch jeden Versuch einer gewaltsamen Lösung der europäischen Probleme nur noch stärker

---

[22] Sywottek, Jutta, Mobilmachung für den totalen Krieg, Opladen 1976, S. 49.
[23] Ebd.
[24] Thamer, Hans-Ulrich, Der Weg in den Krieg, in:
http://www.bpb.de/geschichte/nationalsozialismus/dossier-nationalsozialismus/39576/weg-in-den-krieg?p=all, 06.04.2005, (28.07.13).
[25] Sywottek, Jutta, Mobilmachung für den totalen Krieg, Opladen 1976, S. 49.
[26] Ebd., S. 50

gestört würde". Um die ihm unterstellten Kriegsabsichten zu widerlegen, hörte man in zahlreichen Reden und Interviews mit ausländischen Journalisten immer wieder die gleichen Gedankengänge:

> *„Wir bekämpfen das Elend. Schon haben wir die Arbeitslosigkeit zurückgedrängt. Aber ich will Besseres leisten! Ich werde noch Jahre brauchen, um dahin zu gelangen. Glauben Sie, dass ich meine Arbeit durch einen neuen Krieg zunichtemachen will?"*[27]

Hierbei wollte er ein großes Verantwortungsbewusstsein zeigen. Außerdem nutzte er die „im Ausland anerkannten Erfolge seiner Arbeitsbeschaffungspolitik" aus.[28]

Ein weiterer Aspekt, womit Hitler den Eindruck absoluter Friedensbefürwortung im Ausland schaffen wollte war, dass er Personen, die sich seiner Verschleierungspolitik nicht beugen wollten, aus ihrem politischen Leben ausschaltete. Als Beispiel ist der deutsch-nationale Wirtschaftsminister Hugenberg zu nennen, der auf der Londoner Weltwirtschaftskonferenz Kolonien in Afrika und zusätzlichen Siedlungsraum für Deutschland gefordert hatte. Dies widersprach der damaligen „außenpolitischen Taktik" Hitlers.[29]

Am 17. Mai 1933 stellte Hitler in der sogenannten „Friedensrede" den Nationalsozialismus vor der Welt als eine Bewegung dar, die „einzig auf den Frieden verpflichtet sei".[30] Hitler will in der Rede deutlich machen, dass er die bestehenden Verträge achten und nur auf dem Verhandlungsweg eine Revision des Versailler Vertrags anstrebe. Dass die Deutschen anderen Völkern angeblich niemals Not und Elend zufügen könnten wird in folgendem Abschnitt der „Friedensrede" von 1933 deutlich:

> *„so möchte ich namens der nationalen Regierung und der gesamten Nationalerhebung bekunden, daß gerade uns in diesem jungen Deutschland das tiefste Verständnis beseelt für die gleichen Gefühle und Gesinnungen sowie für die begründeten Lebensansprüche der anderen Völker. Die Generation dieses jungen Deutschlands, die in ihrem bisherigen Leben nur die Not, das Elend und den Jammer des eigenen Volkes kennen lernte, hat zu*

---

[27] Ebd.
[28] Ebd.
[29] Ebd.
[30] Thamer, Hans-Ulrich, Der Weg in den Krieg, in:
http://www.bpb.de/geschichte/nationalsozialismus/dossier-nationalsozialismus/39576/weg-in-den-krieg?p=all, 06.04.2005, (28.07.13).

sehr unter dem Wahnsinn gelitten, als daß sie beabsichtigen könnte, das gleiche anderen zuzufügen. "[31]

Um die Absicht der Germanisierung zu vertuschen und um zu zeigen, dass die Deutschen angeblich vollen Respekt vor den anderen Nationen haben, brachte Hitler folgende Worte:

„Wir kennen daher auch nicht den Begriff des Germanisierens. Die geistige Mentalität des vergangenen Jahrhunderts, aus der heraus man glaubte, vielleicht aus Polen und Franzosen Deutsche machen zu können, ist uns genau so fremd, wie wir uns leidenschaftlich gegen jeden umgekehrten Versuch wenden. Wir sehen die europäischen Nationen um uns als gegebene Tatsache. Franzosen, Polen, usw. sind unsere Nachbarvölker, und wir wissen, daß kein geschichtlich denkbarer Vorgang diese Wirklichkeit ändern könnte. "[32]

Die beiden Abschnitte sind nur kleine Auszüge aus der langen „Friedensrede" Hitlers. Es wird dennoch deutlich, dass er mit dieser Rede die Absicht verfolgt hatte, den Eindruck absoluter Friedensbefürwortung der Deutschen zu erzeugen.

3.2 Die Mobilmachung für den Krieg

Natürlich musste Hitler neben den Friedensbeteuerungen vor dem Ausland auch seine eigentlichen Ziele, nämlich die Mobilmachung der Deutschen für den Krieg, in Angriff nehmen. Wie schon erwähnt, war eine der Aufgaben, die zu diesem Bereich gehören, die Tarnung der Aufrüstungsmaßnahmen. Wichtig hierfür war, jegliche Informationen, die auf die verstärkte Rüstungstätigkeit hindeuten könnte zu unterdrücken. Die Welt durfte nichts von den Aufrüstungstätigkeiten im Deutschen Reich mitbekommen. Abiturabgängern wurde beispielsweise untersagt, den Berufswunsch „Offizier" öffentlich zu erwähnen und der Aufbau der Luftwaffe wurde als „Deutscher Luftsportverband" getarnt. Auch viele, sich sekundär aus den Aufrüstungstätigkeiten ergebenen Maßnahmen, mussten verschwiegen werden. Als Beispiel ist hierzu der Befehl des Stillschweigens über die „Wiedereröffnung der

---

[31]Hitler, Adolf, „Friedensrede" vom Mai 1933, in: http://www.kurt-bauer-geschichte.at/PDF_Lehrveranstaltung%202008_2009/11a_Hitler-Friedensrede_1933-05-17.pdf, 2008/2009 (28. 07. 13).
[32] Ebd.

militärärztlichen Akademie" und dem Erlass des „Gesetzes über die körperliche Ausbildung von Angestellten und Arbeitern" zu nennen.[33]

Die andere Aufgabe, welche zum Bereich der Mobilmachung für den Krieg zählt, war, den „Wehrwillen" der Bevölkerung zu wecken und zu stärken. Dieses Vorhaben kollidierte mit dem Bestreben der Propagandaführung, „Deutschland als Hort des Friedens erscheinen und deshalb keinerlei Informationen über die getroffenen oder geplanten Remilitarisierungsmaßnahmen an die Öffentlichkeit dringen zu lassen". Aufgrund dessen wurde die „Wehrpropaganda" in der „Risikozone" defensiv vorgenommen. Alles, was den „Wehrwillen" schwächen könnte sollte verhindert und stattdessen „Ideale wie Vaterlandsliebe, Wehrgeist und Heldentum" gefördert werden.[34]

Die Filmpolitik war für dieses Vorhaben außerordentlich hilfreich, denn Filme, welche die eben genannten Ideale nicht wiederspiegelten, wurden verboten. Am 2. März 1933 wurde zum Beispiel schon die Zulassung für den französischen Weltkriegsfilm „Hölzerne Kreuze" mit der Begründung widerrufen, dass durch ihn „der Verteidigungswille des Volkes untergraben, der Ertüchtigung der Jugend und der Wehrhaftmachung des Volkes entgegenwirkt und das nationale Empfinden weitester Volkskreise verletzt wird".[35] Mit gleicher oder ähnlicher Begründung wurden zahlreiche andere Verfilmungen ebenfalls verboten.

Andererseits wurde für Filme geworben, die zum Beispiel von „der Verherrlichung von Kameradschaft, Heldentum und der Bereitschaft für Deutschland zu sterben" handelten. Welche Art von Filmen „die neuen Machthaber als zeitgemäß ansahen, demonstrierte Hitler schon am 2. Februar 1933 durch seinen Besuch des Kriegsfilms „Morgenrot" von Gustav Ucicky", der genau die oben genannten Eigenschaften verinnerlichte. Filme wie dieser sollten grundsätzliche Kampf- und Einsatzbereitschaft im deutschen Volk wecken. 1934 liefen dann im Gegensatz zu den historischen Kriegsfilmen die ersten aktuellen Wehrmachtsfilme an, welche „konkretes Interesse für den Dienst in der Wehrmacht und an den einzelnen Waffengattungen" wecken sollten. Auch bei der Filmauswahl für

---

[33] Sywottek, Jutta, Mobilmachung für den totalen Krieg, Opladen 1976, S. 52.
[34] Ebd., S. 53.
[35] Ebd.

„Schulpflichtveranstaltungen" legte man Wert darauf, dass ausschließlich Filme mit „Bezug auf [die] Wehrmacht" vorgeführt wurden.[36]

Durch „unmilitärische Meldungen" zum Beispiel über „Sporterfolge von Wehrmachtsangehörigen, durch Rundfunkreportagen, Hörspiele, Schulfunksendungen und volkstümliche Bücher über die Wehrmacht" sollten Teile der Bevölkerung ohne „unmittelbare Verbindung mit dem Heere" mobilisiert werden.[37]

Am wohl ausschlaggebendsten für die Mobilmachung war die Wiedereinführung der allgemeinen Wehrpflicht am 16. März 1935.

4. Die Reaktionen des Auslands auf die außenpolitischen Ziele Hitlers

„Denn darüber muss man sich endlich vollständig klar werden: Der unerbittliche Todfeind des deutschen Volkes ist und bleibt Frankreich. "[38]

Diese Worte Hitlers konnte man bereits in „Mein Kampf" nachlesen. Hierbei wird sehr deutlich, welche Rolle Frankreich für die Auslandspropaganda des NS-Regimes spielen musste. Durch die durch den Versailler Vertrag empfundene Schmach, der nicht nur nach Hitlers Meinung vornehmlich auf Betreiben Frankreichs für Deutschland so negativ ausgefallen war, wurde die Vorstellung einer „deutsch-französischen Erbfeindschaft zu einem fanatischen Leitgedanken Hitlers außenpolitischen Kalküls".[39] Gerade deswegen sind die Reaktionen auf die Machtübernahme Hitlers sowie auf dessen Außenpolitik des westlichen Nachbars ausgesprochen interessant. Laut einem Bericht von Roland Köster, dem deutschen Botschafter in Paris, den er 1933 verfasste, sei die französischen Haltung geprägt von den Erinnerungen an die Ereignisse des Ersten Weltkriegs.[40] Die nationalsozialistische Machtergreifung in Deutschland beunruhigte die französische

---

[36] Ebd., S. 55.
[37] Ebd., S. 56.
[38] Skor, Holger, „Brücken über den Rhein". Frankreich in der Wahrnehmung und Propaganda des Dritten Reiches. 1933-1939, Essen 2011, S. 23.
[39] Ebd., S. 34.
[40] Ebd., S. 70.

Öffentlichkeit zwar, versetzte sie jedoch nicht in Panik.[41] Die Franzosen hatten den Aufstieg der Nationalsozialisten aufmerksam verfolgt und sie waren daher nicht sonderlich von der Machtergreifung überrascht worden. Da jedoch Hitlers „Mein Kampf" weitgehend unbekannt war hielt Frankreich den Nationalsozialismus lediglich für eine „populistische Variante des traditionellen deutschen Nationalismus".[42] Es wurde daher auch keine große Änderung der deutschen Außenpolitik erwartet. „Deutschland werde die Revision des Versailler Vertrags anstreben, allerdings nicht mehr auf dem Verhandlungswege [...], sondern durch unilaterale Aktionen."[43]

Die Beziehungen der westlichen Demokratien zum Dritten Reich in der Phase zwischen 1933 bis zum Ausbruch des Zweiten Weltkriegs sind allgemein sehr interessant und wichtig. Sie „lösen bis in die Gegenwart politische und historische Kontroversen aus". Besonders dadurch, „dass der Zweite Weltkrieg als unnötiger Krieg bezeichnet wird, als ein Krieg, den eine tatkräftigere, eindeutigere Politik der Westmächte hätte verhindern können".[44] Es wurde und wird auch heute noch vorgeworfen, „Hitler habe sich auf seine Politik des hohen Risikos nur einlassen können, weil er die Überzeugung gewann, der Westen werde in seiner Uneinigkeit und Schwäche jeden aggressiven Vorstoß letztlich doch hinnehmen".[45] Hätten die Westmächte, Frankreich, Großbritannien und die USA gemeinsam eine Strategie zur Verteidigung gefährdeter Zonen entwickelt und somit dem NS-Regime gezeigt, dass es sich nicht so einfach gegen die Regelungen der Nachkriegsordnung hätte auflehnen können, dann wäre der Zweite Weltkrieg vielleicht gar nicht ausgebrochen.[46]

Die Frage, warum die Westmächte nicht eingeschritten sind und Hitlers kriminelle Handlungen beendeten, ist also ausgesprochen wichtig für das Verständnis über den Ausbruch des Zweiten Weltkriegs. Genügend Gründe, in welchen die Westmächte der Deutschen Regierung Unrechtes hätten nachweisen können, hatte es durchaus zahlreich gegeben. Als Beispiel hierfür sind der Rücktritt von der

---

[41] Ebd., S.157.
[42] Ebd.
[43] Ebd.
[44] Gustav Schmidt: Die Westmächte und das Dritte Reich 1933-1939. Allgemeine Einführung. in: Die Westmächte und das Dritte Reich 1933-1939. S. 9.
[45] Ebd.
[46] Ebd.

Abrüstungskonferenz und der Austritt aus dem Völkerbund zu nennen. Bereits im Oktober hätte der Westen „die ihm bekannten Daten der geheimen deutschen Aufrüstung publizieren und damit die deutschen Klagen über das Unrechtsystem von Versailles als Propagandamanöver entlarven" können.[47] Auch gegen die Wiedereinführung der Wehrmacht 1935 hätten die Westmächte einschreiten können. Letztlich hätten die westlichen Demokratien, „denen die deutschen Absichten in Österreich und in der Tschechoslowakei spätestens seit dem Spätherbst 1937 bekannt waren [...] für die Integrität oder wenigstens für die Unabhängigkeit der CSR, [sorgen müssen], statt die Regierung Benes zur Kapitulation zu drängen und [...] auf der Münchner Konferenz auch noch die letzten Kautelen für die Sicherheit der sogenannten „Rest-Tschechei" fallenzulassen".[48]

Viele Historiker gehen davon aus, dass die Innenpolitik der einzelnen Nationen einen zentralen Ausgangspunkt für die Interpretation der Reaktion westlicher Demokratien auf Hitlers Politik spielen würde.[49] Vor allem die Appeasement-Politik um Chamberlain und Daladier war der Grund, warum sie „nur noch hofften, durch Einladungen zu rechtzeitigen Verhandlungen" den Frieden und das Gleichgewicht in Europa zu wahren.[50] In Großbritannien und Frankreich nahm man an, dass die Machthaber des Dritten Reichs mehrere Jahre brauchen würden, bevor sie einen Konflikt mit den Westmächten zu riskieren wagen würden. Deshalb glaubte man in den westlichen Demokratien „die eigene Sicherheit nicht unmittelbar gefährdet".[51]

Vor allem in London wollte man die Aufrüstungsphase nutzen, „um auf diplomatischem Wege die Rüstungsspirale – dann von einer Position der Gleichberechtigung Deutschlands – anzuhalten, bevor sie das internationale Mächtegleichgewicht entscheidend umstürzte".[52]

Zusammenfassend lässt sich hierzu sagen, dass die Aufrüstungsmanöver und das Streben nach Gleichberechtigung des NS-Regimes für die Westmächte kein Grund war, ebenfalls aufzurüsten. Sie wollten vielmehr versuchen, Hitler „an den Verhandlungstisch zu holen".[53] Erst wenn dies keinen Erfolg erbringen würde und

---

[47] Ebd., S.10.
[48] Ebd., S. 10-11.
[49] Ebd., S. 13.
[50] Ebd., S. 14.
[51] Ebd., S. 15.
[52] Ebd., S.15-16.
[53] Ebd., S. 16.

ein Kriegsausbruch unvermeidlich schien, dann sahen die Westmächte „die eigenen Kriegsvorbereitungen" legitimiert.[54]

5. Die Friedenspropaganda = „Die Pforte zum Zweiten Weltkrieg"?

In diesem Abschnitt der Arbeit wird untersucht, inwieweit man wirklich davon sprechen kann, dass die geschickte Friedenspropaganda des Dritten Reichs der Auslöser für den Zweiten Weltkrieg war.

Die passiven Reaktionen der Westmächte gegen die eindeutigen Vertragsbrüche Hitlers lassen vermuten, dass das Deutsche Reich auch ohne die Friedenspropaganda den Weg in den Krieg gefunden hätte. Durch die Appeasement-Politik waren die Westmächte, und vor allem Großbritannien darauf ausgelegt, auf dem Verhandlungsweg ein Mächtegleichgewicht zu erlangen. Dass das Deutsche Reich zunächst die eigene Gleichberechtigung anstrebte, war also für die Westmächte scheinbar kein Grund einzuschreiten. Es ist also fraglich, ob die Friedenspropaganda in diesem Ausmaße überhaupt notwendig war. Vor allem die Tatsache, dass Frankreich nicht in die Rheinlandzone einmarschiert ist, nachdem Hitler das Rheinland 1936 remilitarisierte, zeigt, dass auch in Situationen, in welchen die wahren Absichten des NS-Regimes deutlich wurden, kein Widerstand von den Westmächten erbracht wurde.

Jedoch hat die Friedenspropaganda mit Sicherheit dazu beigetragen, dass die Westmächte die Friedensbewahrung nicht gefährdet sahen. Ohne die Friedenspropaganda, wie zum Beispiel die „Friedensrede" von 1933, wären die europäischen Nachbarn früher gewarnt gewesen und hätten Hitlers wahre Absichten erkannt. Außerdem hat die Friedenspropaganda auch im Innern Deutschlands sehr viel dazu beigetragen, dass die Bevölkerung „kriegswillig" wurde und hinter Hitler und seinem Regime stand.

Eine eindeutige Antwort auf die Frage, ob die Friedenspropaganda die Ursache für den Ausbruch des Zweiten Weltkriegs war, kann man wohl kaum geben. Doch dass sie mit Sicherheit einen großen Beitrag dazu leistete, ist nicht abzustreiten.

---

[54] Ebd.

6. Schluss

„Bis jetzt ist es uns gelungen, den Gegner über die eigentlichen Ziele Deutschlands im Unklaren zu lassen, genauso wie unsere innenpolitischen Gegner bis 1932 gar nicht gemerkt haben, wohin wir steuerten, dass der Schwur auf die Legalität nur ein Kunstgriff war [...]. Man hätte 1925 ein paar von uns in Haft nehmen können, und alles wäre aus und zu Ende gewesen. Nein, man hat uns durch die Gefahrenzone hindurch gelassen. Genauso war das in der Außenpolitik [...]. 1933 hätte ein französischer Ministerpräsident sagen müssen (und wäre ich französischer Ministerpräsident gewesen, ich hätte es gesagt): Der Mann ist Reichskanzler geworden, der das Buch „Mein Kampf" geschrieben hat, in dem das und das steht. Der Mann kann nicht in unserer Nachbarschaft geduldet werden. Entweder er verschwindet oder wir marschieren. Das wäre durchaus logisch gewesen. Man hat darauf verzichtet. Man hat uns gelassen, man hat uns durch die Risikozone ungehindert durchgehen lassen, und wir konnten alle gefährlichen Klippen umschiffen, und als wir fertig waren, gut gerüstet, besser als sie, fingen sie den Krieg an."[55]

Genau wie das Zitat am Anfang der Hausarbeit stammt dieses Zitat aus der Rede von Joseph Goebbels am 5. April 1940 vor Vertretern der deutschen Presse. Hier wird sehr gut deutlich, wie eindeutig die außenpolitischen Ziele Hitlers eigentlich waren. Schon in „Mein Kampf" stand alles geschrieben und die Westmächte hätten daher schon nach Hitlers Machtübernahme das Schlimmste befürchten müssen. Aber stattdessen haben sie dabei zugesehen, wie Deutschland nach und nach Aufrüstungspolitik betrieben hatte. Die zentralen Fragen, die sich zu Beginn der Arbeit ergeben haben, nämlich ob die Friedenspropaganda und die gute Tarnung der eigentlichen Absichten Hitlers die ausschlaggebende Ursache für den Ausbruch des Zweiten Weltkriegs waren und ob der Zweite Weltkrieg ein unnötiger Krieg war, weil er hätte vermieden werden können, sind Fragen, die keine eindeutige Antworten haben. Heute ist es sicherlich leicht zu sagen, der Krieg hätte vermieden werden können, wenn die Westmächte früher eingegriffen hätten und wenn sie die Friedenspropaganda Hitlers durchschaut hätten. Doch ob dieser Effekt tatsächlich

---

[55] Skor, Holger, „Brücken über den Rhein, Essen 2011, S. 395.

erbracht worden wäre kann immer nur eine Hypothese sein und niemals mit absoluter Sicherheit gesagt werden. Hitlers Friedenspropaganda sowie seine Mobilmachung der deutschen Bevölkerung für den Krieg waren mit großer Sicherheit ein zentraler Aspekt dafür, dass die Deutschen wieder einen Krieg wollten.

Wäre zum Beispiel Frankreich eingeschritten, als Hitler die entmilitarisierte Zone des Rheinlandes wieder besetzte, dann wäre das wohl durchaus zu einem Dilemma für Hitler geworden. Die Überlegung, dass der Zweite Weltkrieg durch aktiveren Widerstand der Westmächte gegen das Nationalsozialistische Regime hätte verhindert werden können, ist keineswegs zu verneinen. Hitlers eigentliche Absichten waren zum Teil durchaus zu erkennen. Die These, dass der Zweite Weltkrieg in dem Sinn ein unnötiger Krieg war, dass er hätte vermieden werden können, muss durchaus befürwortet werden. Wie Goebbels im oben genannten Zitat sagte, hätte man schon die Machtergreifung Hitlers unterbinden müssen, wenn man „Mein Kampf" kannte.

Zusammenfassend lässt sich also sagen, dass der Zweite Weltkrieg durchaus als unnötig und vermeidbar zu bezeichnen ist, da Hitlers Absichten zwar oftmals durch seine Friedenspropaganda verschleiert wurden, allerdings trotzdem oft genug an die Öffentlichkeit gekommen sind. Dass die Friedenspropaganda den Weg in den Krieg geschaffen hat, kann man jedoch nicht eindeutig sagen, da wie gesagt auch kein Widerstand von den Westmächten gegen das Deutsche Reich geleistet wurde, obwohl Hitlers wahre Absichten deutlich wurden, wie zum Beispiel bei der Remilitarisierung des Rheinlandes. Im Innern Deutschlands haben die Friedenspropaganda und vor allem auch die Mobilmachung für den Krieg jedoch durchaus die „Pforten" für den Zweiten Weltkrieg geöffnet.

7. Quellen- und Literaturverzeichnis

I. Quellenverzeichnis

- Hitler, Adolf, Rede vor den Spitzen der Reichswehr, 3. Februar 1933, Abschrift des kommunistischen Nachrichtendienstes, in: http://1000dok.digitalesammlungen.de/dok_0109_hrw.pdf, 21. September 2011 (Letzer Zugriff: 27.06.13).

- Hitler, Adolf, „Friedensrede" vom Mai 1933, in: http://www.kurt-bauer-geschichte.at/PDF_Lehrveranstaltung%202008_2009/11a_Hitler-Friedensrede_1933-05-17.pdf, 2008/2009 (Letzter Zugriff: 27. Jun. 2013).

II. Literaturverzeichnis

- Bloch, Charles, Das Dritte Reich und die Welt. Die deutsche Außenpolitik 1933-1945, Paris 1986.
- Benz, Wolfgang, Geschichte des Dritten Reiches, bpb Band 377, Bonn 2010.
- Lüdicke, Lars, Griff nach der Weltherrschaft. Die Außenpolitik des Dritten Reiches 1933-1945, Berlin 2009.
- Forndran, Erhard, Golcezewiski, Frank, Riesenberger, Dieter (Hrsg.), Innen- und Außenpolitik unter nationalsozialistischer Bedrohung, Wiesbaden 1977.
- Jasper, Gotthard, Über die Ursachen des Zweiten Weltkrieges. Zu den Büchern von A.J.P. Taylor und David L. Hoggan, in: Vierteljahrshefte für Zeitgeschichte, Jg. 10 (1962), S. 311-340.
- Möller, Horst, Die Nationalsozialistische Machtergreifung. Konterrevolution oder Revolution?, in: Vierteljahrshefte für Zeitgeschichte, Jg. 31 (1983).
- Terveen, Fritz, Der Filmbericht über Hitlers 50. Geburtstag. Ein Beispiel nationalsozialistischer Selbstdarstellung und Propaganda, in: Vierteljahrshefte für Zeitgeschichte, Jg. 7 (1993), S. 75-84.

- Thamer, Hans-Ulrich, Verführung und Gewalt. Deutschland 1933-1945, Berlin 1986.
- Thamer, Hans-Ulrich, Der Weg in den Krieg, in: http://www.bpb.de/geschichte/nationalsozialismus/dossier-nationalsozialismus/39576/weg-in-den-krieg?p=all, 06.04.2005, (Letzter Zugriff: 28.07.13).
- Treue, Wilhelm (Hrsg.), Rede Hitlers vor der deutschen Presse (10. November 1938), in: Vierteljahrshefte für Zeitgeschichte, Jg. 6 (1958), S. 175-191.
- Turner, Henry Ashby, Hitlers Weg zur Macht. Der Januar 1933, Berlin 1999.
- Sauer, Wolfgang, Die Mobilmachung der Gewalt, Frankfurt/M. 1974.
- Schmidt, Rainer F., Die Außenpolitik des Dritten Reiches, 1933-1939, Stuttgart 2002.
- Skor, Holger, „Brücken über den Rhein". Frankreich in der Wahrnehmung und Propaganda des Dritten Reiches. 1933-1939, Essen 2011.
- Sywottek, Jutta, Mobilmachung für den totalen Krieg. Die propagandistische Vorbereitung der deutschen Bevölkerung auf den Zweiten Weltkrieg, Opladen 1976.
- Wendt, Bernd-Jürgen, Großdeutschland. Außenpolitik und Kriegsvorbereitung des Hitler-Regimes, München 1987.
- Wirsching, Andreas, „Man kann nur Boden germanisieren". Eine neue Quelle zu Hitlers Rede vor den Spitzen der Reichswehr am 3. Februar 1933, in: Vierteljahrshefte für Zeitgeschichte, Jg. 49 (2001), S. 517-550.